Jeanne Ashbé

A ce soir !

PASTEL
l'école des loisirs

Ah ! Voilà Sam
et sa maman.

Et voilà Léa
avec son papa.

La maman de Sam dit:
Je vais t'ôter ton manteau,
mon petit loupiot.

Le papa de Léa dit :
N'oublie pas ton Oua-Oua,
ma petite Léa.

A ce soir, mon bébé.
Passe une bonne journée.
Après le goûter, Papa viendra te chercher.

A ce soir, mon papa, dit Léa.
Je vais beaucoup jouer,
puis Maman viendra me chercher.

Il y a beaucoup de jouets.
Sam est très occupé.

Il y a aussi beaucoup d'amis.
Léa dit : Tu veux me tirer ?

Sam a prêté son lapin
à son plus grand copain.

Chez les grands, Léa peint.
En rouge, en jaune, en bleu, en brun.

Aah !
C’est l’heure de manger.
C’est bon la purée !

Tout le monde a faim.
Les goulus, les lambins…
et même les coquins !

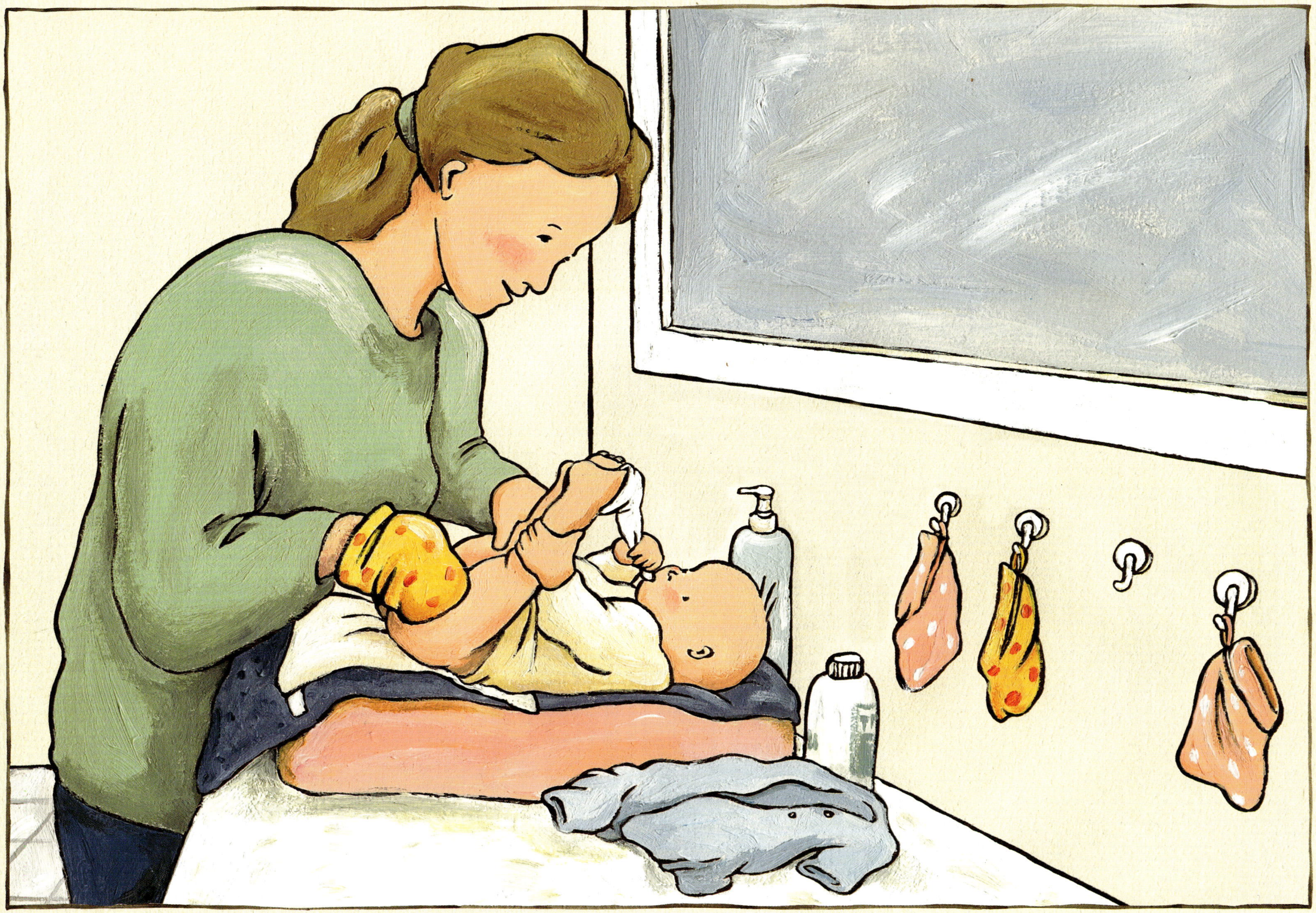

Gouzi, gouzé, petit bébé.
Je vais te laver
puis te changer.

Et Léa,
tralala,
a fait pipi et caca.

Chhht, il dort
Sam, le petit trésor.

Léa aussi
s'est endormie.

Quand la sieste est finie,
un bon goûter
pour les bébés.

Et pour les grands,
de la crème au chocolat.
Oh là là ! Léa crie : Non, c'est à moi !

C'est la fin de la journée.
Les bébés suçotent,
les petits chipotent.

Les grands aussi sont fatigués.
Mais Léa, ça lui plaît
d'aider à ranger.

Aah, voilà Papa !
Attrape mes doigts, mon petit roi.
Et montre-moi à quoi tu joues.

C'est ma maman ! dit Léa.
Maman, regarde-moi,
je roule vite, vite, vite.

Papa dit :
Bonjour mon bébé.
Je suis content de te retrouver.

Maman dit :
Bonjour, ma Léa.
Me revoilà !